Coleção Steps

ENSINO FUNDAMENTAL

Victoria Keller

CB078517

STEPS IN ENGLISH

Inglês

Kids

2º ano

IBEP

Steps in english
Kids book 2

© IBEP, 2010

Diretor superintendente	Jorge Yunes
Gerente editorial	Célia de Assis
Assistentes editoriais	Célia Sunahara Luiza Sato
Revisão	Otacilio Palareti Sandra Brazil
Produção editorial	José Antonio Ferraz
Coordenadora de iconografia	Maria do Céu Pires Passuello
Assistente de iconografia	Tatiana Lubarino Ferreira
Ilustrações	Camila Scavazza
Projeto gráfico, diagramação e capa	Figurativa Editorial

CIP-BRASIL. CATALOGAÇÃO-NA-FONTE
SINDICATO NACIONAL DOS EDITORES DE LIVROS, RJ

K38n
2.ed.

Keller, Victoria
Steps in english - Kids, 2º ano / Victoria Keller. - 2.ed. - São Paulo : IBEP, 2010.

ISBN 978-85-342-2721-6 (aluno) - 978-85-342-2726-1 (mestre)

1. Língua inglesa - Estudo e ensino (Ensino fundamental). I. Título.

10-3165. CDD: 372.6521
CDU: 373.3.016=111
05.07.10 07.07.10 020011

2ª edição – São Paulo – 2010
Todos os direitos reservados
2ª Reimpressão - 2012

IBEP

Av. Alexandre Mackenzie, 619 – Jaguaré
São Paulo – SP – 05322-000 – Brasil – Tel.: (11) 2799-7799
www.editoraibep.com.br editoras@ibep-nacional.com.br

CTP, Impressão e Acabamento
IBEP Gráfica
30919

APRESENTAÇÃO

A coleção **STEPS** há mais de 15 anos vem obtendo sucesso pedagógico, sendo reconhecida por adequar o estudo da língua inglesa à realidade da sala de aula. Atividades, músicas e jogos educativos são organizados, respeitando-se o desenvolvimento do aluno em cada etapa do aprendizado.

Esta coleção aparece mais uma vez reformulada, melhorada, enriquecida e oferecendo praticidade no seu uso e aproveitamento. Os livros apresentam uma sequência que vai da Educação Infantil ao Ensino Fundamental II, a fim de que seja realizado um trabalho contínuo e gradativo.

A coleção **STEPS IN ENGLISH** é composta de dois volumes (**Children I** e **II**) destinados à Educação Infantil, cinco ao Ensino Fundamental I (**Kids**) e quatro para o Ensino Fundamental II (**Teens**). O movimento de assimilação dos conteúdos estudados ocorrerá ao longo do processo de aprendizagem. Portanto, é muito importante promover um ambiente estimulante e motivador para cativar o aluno ao estudo de outro idioma, respeitando-se o seu ritmo, incentivando-o sempre, retomando e acrescentando conhecimentos, construindo, junto com cada um, um novo olhar para o mundo. As atividades devem partir do próprio ambiente do aluno como referência para, então, estender-se à compreensão de outra cultura por meio de comparações, análises, classificações, experimentações etc.

STEPS, como o próprio nome sugere, visa contribuir com o aprendizado da língua inglesa, respeitando cada passo e degrau a caminho de novas conquistas.

Esta coleção foi planejada a fim de que professores especialistas e não especialistas consigam desenvolver suas aulas normalmente, com tranquilidade e segurança.

Durante o processo de reformulação da obra, houve uma preocupação de integrar outras áreas do ensino e habilidades, envolvendo ciências naturais, integração social, arte, ciências sociais, percepção visual/auditiva, oralidade e comunicação escrita.

A ação constante do fazer e do refazer, do criar e do recriar de **STEPS IN ENGLISH** é que o torna sempre um material atualizado, flexível e cativante.

HOW TO USE *STEPS IN ENGLISH* – KIDS 2

FLASHCARD – São cartazes de apoio encartados no livro com a função de contextualizar e ambientar as aulas.

O aproveitamento didático deste livro prevê que, antes do início de cada unidade, o **flashcard** correspondente seja apresentado aos alunos; essa atividade os motivará a participarem mais ativamente das aulas e a buscarem conhecimentos para realizar as outras atividades.

UNIT – As unidades apresentam conteúdo temático para motivar o aprendizado da língua inglesa e o desenvolvimento das habilidades de forma gradativa.

ATIVIDADES – As atividades se relacionam com outras áreas do conhecimento como Arte, História, Matemática etc. e estimulam o aprendizado. Há uma variedade muito grande de atividades. Conforme o nível da classe e o tempo disponível, pode-se selecionar apenas algumas atividades. No final de cada unidade há indicação dos stickers (adesivos) que vão formar o **Pocket Dictionary** no final do livro do aluno. Essa colagem pode também ser usada como revisão da unidade.

POCKET DICTIONARY – A cada unidade, os alunos vão colando os adesivos no **Pocket Dictionary** que está no final do livro. No final do ano, os alunos, orientados pelo/a professor/a, vão recortar e montar o seu próprio dicionário ilustrado, usando clips bailarina. O professor deve acompanhar a colagem dos adesivos, para que colem no lugar certo. As palavras estão na ordem alfabética: por isso, ajude-os a encontrarem as palavras correspondentes aos adesivos.

SPECIAL DATES – As datas comemorativas podem ser trabalhadas a critério do planejamento do(da) professor(a). As músicas do **CD** podem ser usadas nessas ocasiões.

GAMES AND FUN – Os jogos foram preparados para rever as unidades. O objetivo dos games é que o conteúdo seja trabalhado de forma estimulante e lúdica enquanto é revisado. É importante para o aluno reciclar e reforçar o aprendizado.

GENERAL VOCABULARY – No fim do livro há um vocabulário ilustrado de apoio ao aluno e ao professor, com palavras relacionadas ao tema de cada unidade. Em caso de dúvida quanto à pronúncia das palavras, pode-se consultar o CD que acompanha a coleção. Quanto ao vocabulário das unidades, não há necessidade de os alunos assimilarem todo. O importante é que tenham uma vivência de outro idioma e desenvolvam um pouco a competência auditiva e oral. Todas as palavras e estruturas vão sendo retomadas nos próximos anos e o aluno vai automaticamente aumentando sua competência linguística em inglês.

STICKERS (adesivos) – Os adesivos encontram-se no final do livro, na ordem em que a classe os utilizará. Todas as unidades possuem adesivos.

CD – O **CD** traz a gravação de textos e vocabulário, além de músicas que podem ser usadas, a critério do professor, durante o ano letivo ou em datas comemorativas.

CONHEÇA OS SÍMBOLOS USADOS EM SEU LIVRO

 COLAR

 DESENHAR, ESCREVER, COMPLETAR

 PINTAR

 FALAR

 OUVIR

 RECORTAR

 LIGAR

 CIRCULAR

 COBRIR LINHAS

 OBSERVAR

 LER

MAP OF THE BOOK

UNIT	COMMUNICATIVE FUNCTIONS	CONTENTS	INTERDISCIPLINARY RELATIONSHIP	MATERIALS AND TOOLS
1 GREETINGS PAGE 9	Cumprimentar pessoas	Good morning Good afternoon Good night Good bye	Integração Social Percepção visual/ auditiva Oralidade Ciências Sociais	**Flashcard**, lápis de cor, tesoura, cola, cartolina.
2 COLORS AND SHAPES PAGE 14	Falar sobre formas geométricas e cores	Triangle Circle Rectangle Square Green Red Yellow Blue...	Integração Social Percepção visual/ auditiva Oralidade Ciências Sociais e Naturais	**Flashcard**, lápis de cor, tesoura, cola.
3 ONE, TWO, THREE PAGE 21	Falar sobre números, dar comandos e falar as horas	One, two, three, four...	Integração Social Percepção visual/ auditiva Oralidade Ciências Naturais	**Flashcard**, lápis de cor, sulfite.
4 FAMILY TREE PAGE 29	Falar sobre os membros da família	Father, mother, son, daughter, sister, brother, uncle, aunt, grandmother, grandfather	Integração Social Percepção visual/ auditiva Oralidade Ciências Sociais	**Flashcard**, lápis de cor, tesoura, cola, grampeador, sulfite.
5 HOUSE PAGE 33	Falar sobre a casa	House, door, window...	Integração Social Percepção visual/ auditiva Oralidade Ciências Sociais	**Flashcard**, lápis de cor.
6 AT SCHOOL PAGE 9	Falar sobre a escola	Classroom, books, chair, school...	Integração Social Percepção visual/ auditiva Oralidade Ciências Naturais	**Flashcard**, lápis de cor.

MAP OF THE BOOK

UNIT

1 GREETINGS

 PINTE AS CENAS E PRONUNCIE AS FRASES EM VOZ ALTA.

HELLO, TEACHER!
GOOD MORNING!

HELLO, KIDS!
GOOD MORNING!

HELLO, TEACHER!
GOOD AFTERNOON!

HELLO, KIDS!
GOOD AFTERNOON!

GOODBYE, TEACHER!

GOODBYE, KIDS!

PINTE A CENA QUE MOSTRA A **GIRL** DIZENDO **GOODBYE!**
DEPOIS PINTE O **BOY** QUE ESTÁ DIZENDO **GOODBYE!**

PINTE O **SUN** QUE REPRESENTA O PERÍODO DO DIA QUANDO
DIZEMOS **GOOD MORNING!**

GOOD NIGHT

VAMOS PINTAR A FIGURA. NELA A **MOTHER** ESTÁ DIZENDO **GOOD NIGHT!**

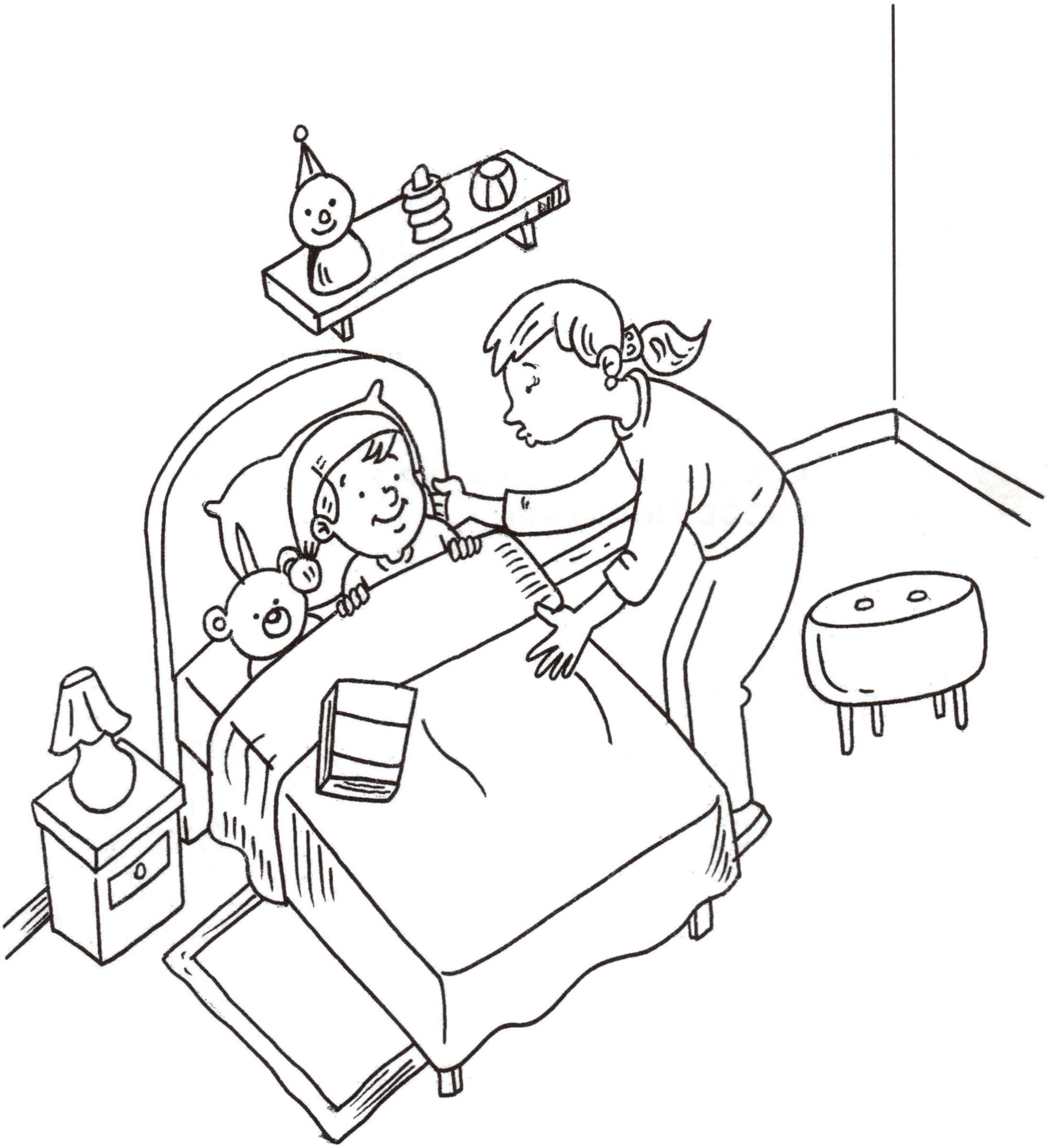

1

FAÇA UM ✗ NOS DESENHOS EM QUE AS PESSOAS ESTÃO DIZENDO **HELLO!** E **GOODBYE!**

Pocket Dictionary

Hello! (Oi! Olá!)
Good morning! (Bom dia!)
Good afternoon! (Boa tarde!)
Good night! (Boa noite!)
Goodbye! (Adeus! Tchau!)

UNIT 2 COLORS AND SHAPES

LIGUE CADA FORMA GEOMÉTRICA AO DESENHO MAIS PARECIDO COM ELA. DEPOIS, PRONUNCIE AS PALAVRAS EM VOZ ALTA.

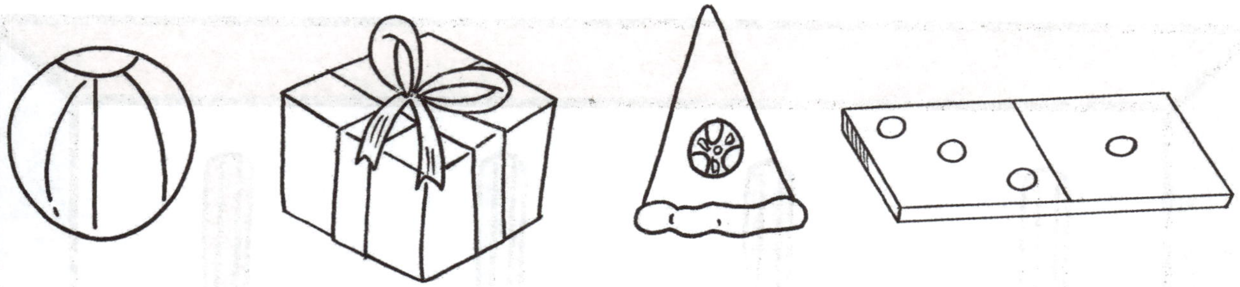

TRIANGLE CIRCLE SQUARE RECTANGLE

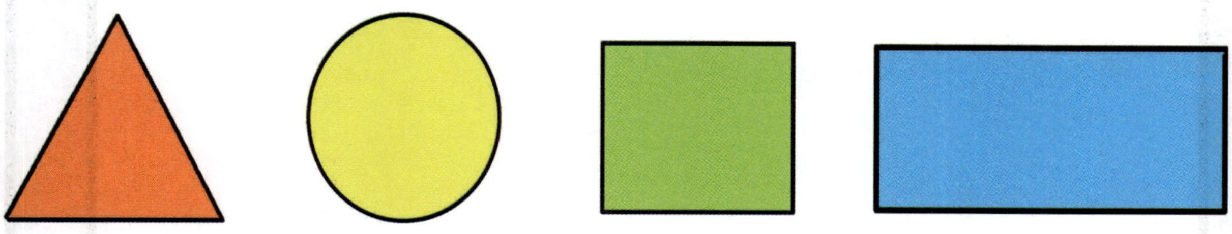

FAÇA DESENHOS NO QUADRO. USE AS CORES **YELLOW**, **RED**, **GREEN**, **BLUE**.

OBSERVE A **FACE** DA PÁGINA 19. ESCOLHA NESTA PÁGINA AS PARTES QUE VOCÊ QUER USAR NELA. RECORTE E COLE AS PARTES ESCOLHIDAS NA **FACE**. NA **FACE**, USE AS **COLORS** COM QUE QUISER PINTAR NA PARTE EM BRANCO.

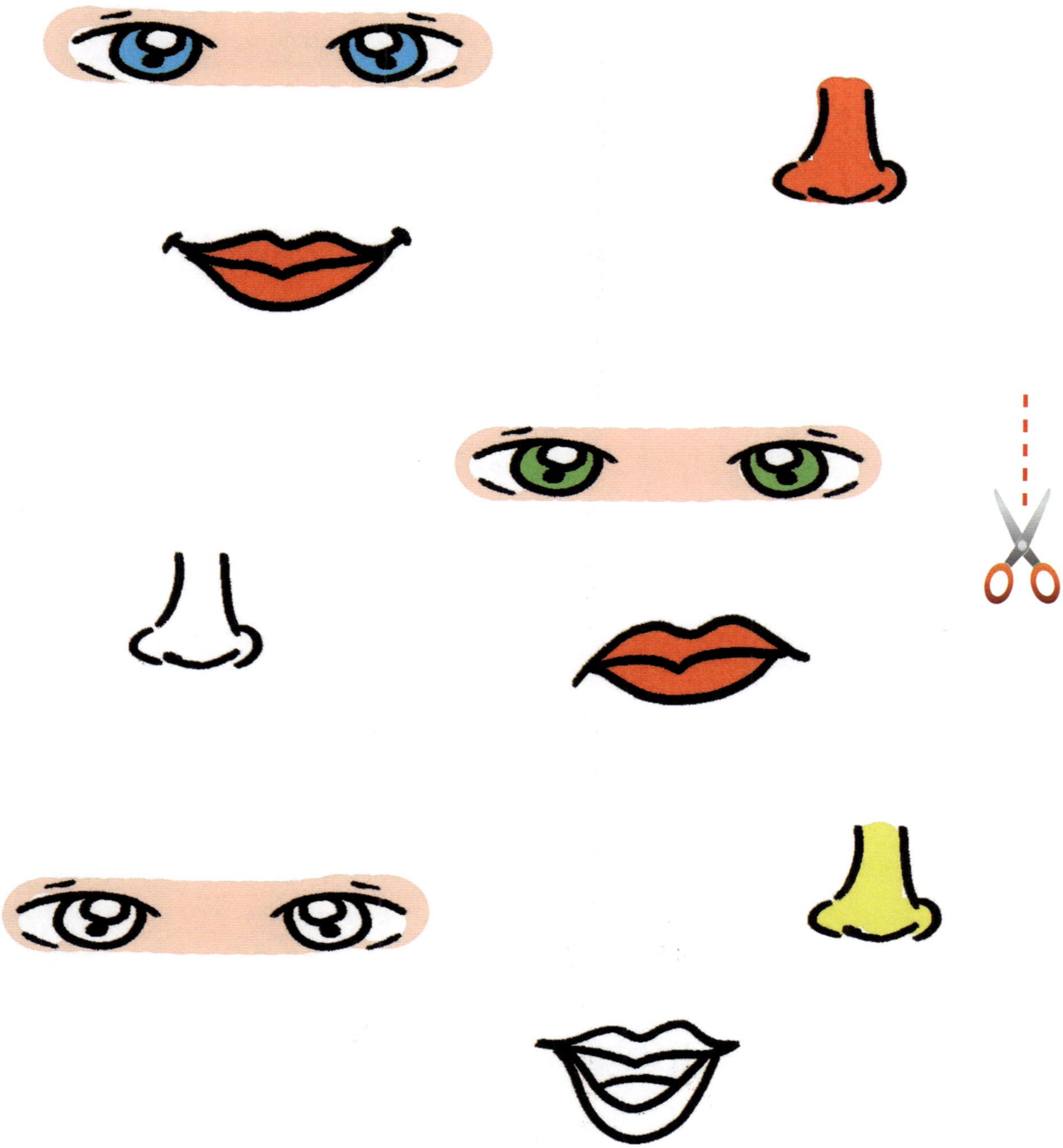

COLE AS PARTES QUE VOCÊ ESCOLHEU NA **FACE**.

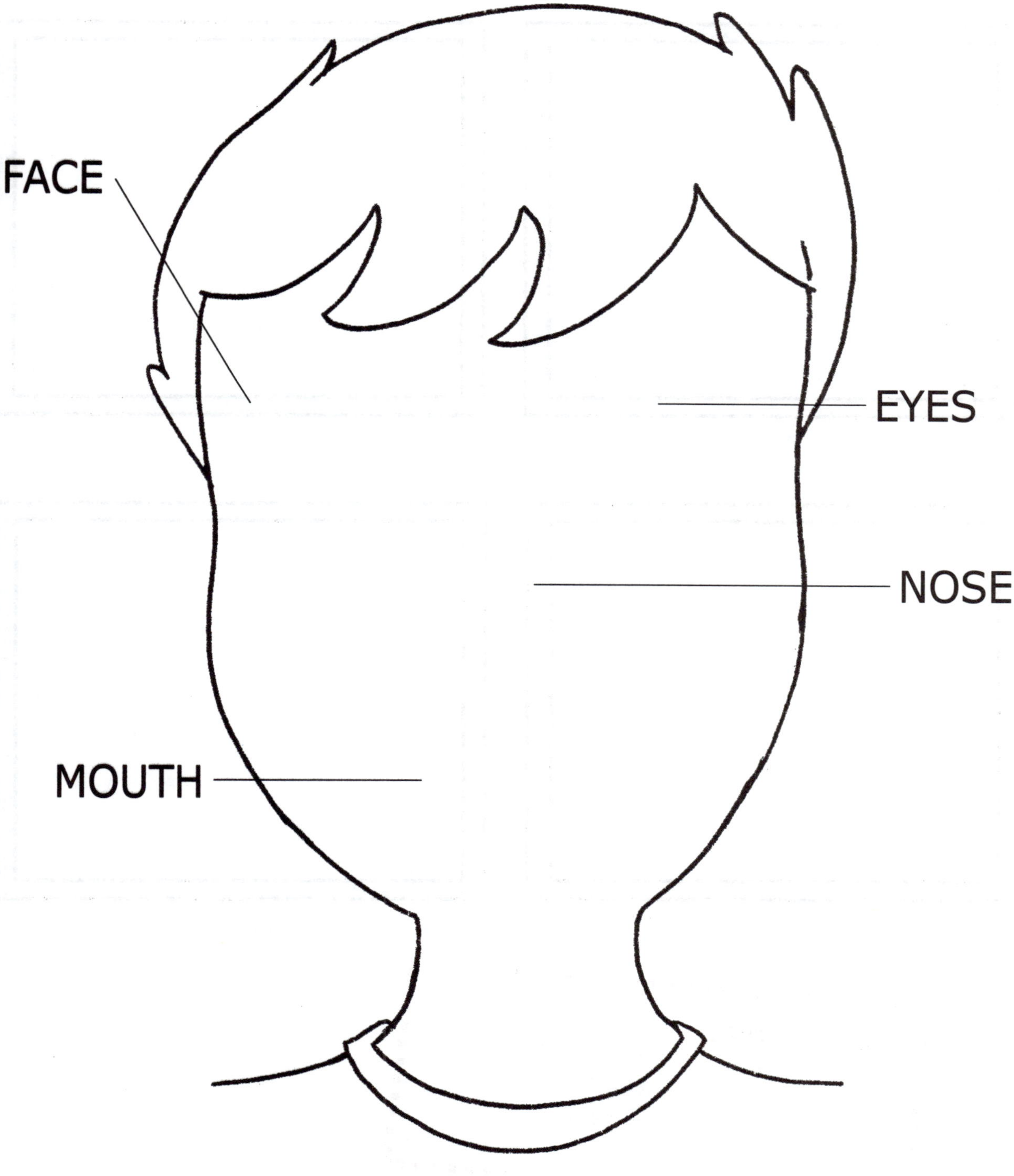

OUÇA, DESENHE E PINTE DENTRO DOS QUADRINHOS O QUE O(A) PROFESSOR(A) VAI PEDIR.

1

2

3

4

Pocket Dictionary

triangle (triângulo) – **rectangle** (retângulo)
circle (círculo) – **square** (quadrado)
yellow (amarelo) – **green** (verde)
red (vermelho) – **blue** (azul)

UNIT 3 ONE, TWO, THREE

CUBRA A LINHA PONTILHADA E ESCREVA OS **NUMBERS** POR EXTENSO PELO MENOS UMA VEZ.

1 one

2 two two

3 three three three

4 four four four four

5 five

6 six

7 seven

8 eight

9 nine

10 ten

11 eleven

12 twelve

DESENHE PONTEIROS QUE INDICAM HORAS NOS **CLOCKS** ABAIXO. DEPOIS, DESENHE NOS QUADRINHOS FIGURAS QUE REPRESENTEM O QUE VOCÊ COSTUMA FAZER EM CADA HORÁRIO.

MORNING	AFTERNOON	NIGHT

LIGUE CADA RELÓGIO À HORA QUE ESTÁ MARCANDO. DEPOIS, PINTE DE **BLUE** O **CLOCK** QUE PARECE UM **CIRCLE**.

ONE **TEN** **FIVE** **ELEVEN**

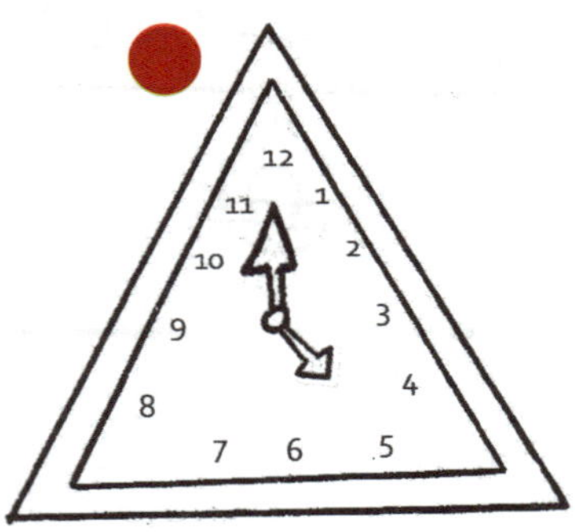

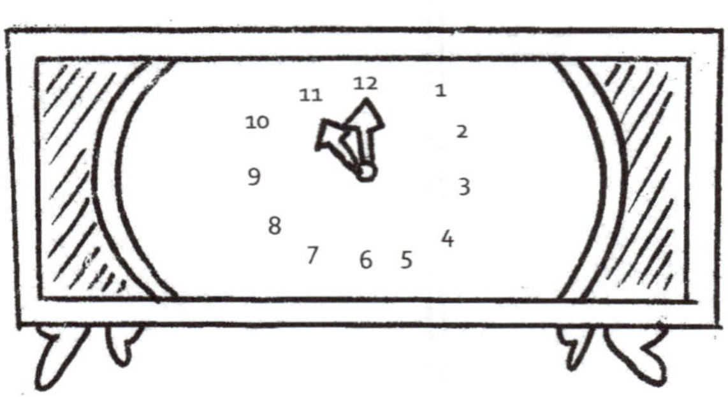

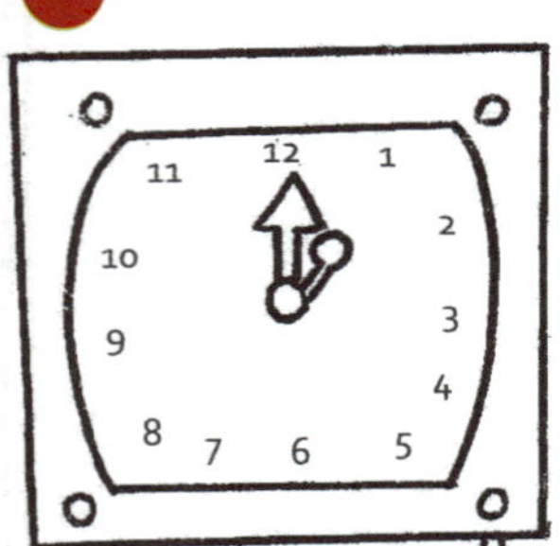

PINTE AS MANCHAS DO TIGRE DE **BLACK** E O RESTO DO CORPO DE **YELLOW**.

PARA COMPLETAR:

_______NE TW_______ _______HREE

PARA COPIAR:

ONE TWO THREE

_______________ _______________ _______________

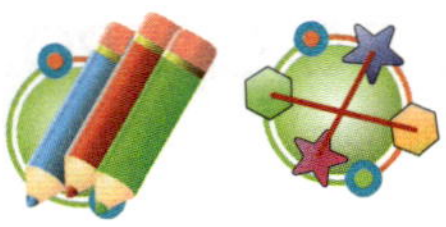

LIGUE OS **NUMBERS** DE 1 A 9 E FORME A FIGURA.
DEPOIS, PINTE-A COM AS CORES QUE VOCÊ QUISER.

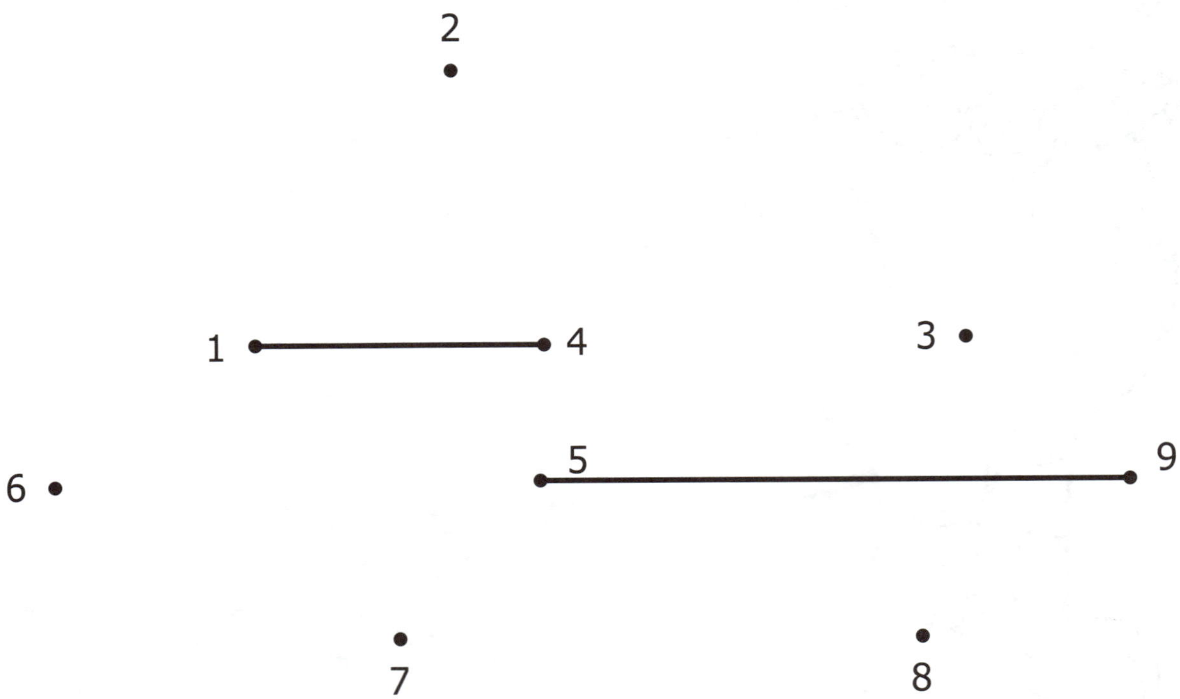

Pocket Dictionary

one (um) – **two** (dois)
three (três) – **four** (quarto)
five (cinco) – **ten** (dez)

4 FAMILY TREE

SIGA O COMANDO DO SEU **TEACHER** PARA ESTA ATIVIDADE.

Pocket Dictionary

family tree (árvore genealógica)
brother and sister (irmão e irmã)
grandfather (avô)
grandmother (avó)

COMPLETE A **FAMILY TREE** COM OS NOMES DOS SEUS FAMILIARES.

REVIEW

PARA OUVIR, FALAR E ESCREVER.

clock

seven

family

blue

Hi!

UNIT 5 HOUSE

PINTE A **HOUSE** E A **TREE** AO LADO DELA USANDO AS CORES INDICADAS:

THE DOOR IS YELLOW.
THE WINDOW IS RED.
THE TREE IS GREEN.
THE ROOF IS RED.

Pocket Dictionary

house (casa)
door (porta)
window (janela)
roof (telhado)
tree (árvore)

CIRCULE A **HOUSE** MAIOR.

AGORA DIGA: **THE HOUSE IS BIG.**

CIRCULE A **HOUSE** MENOR.

AGORA DIGA: **THE HOUSE IS SMALL.**

PINTE AS PARTES DA **HOUSE**, SEGUINDO AS INDICAÇÕES:

ONE YELLOW DOOR
THREE BLUE WINDOWS

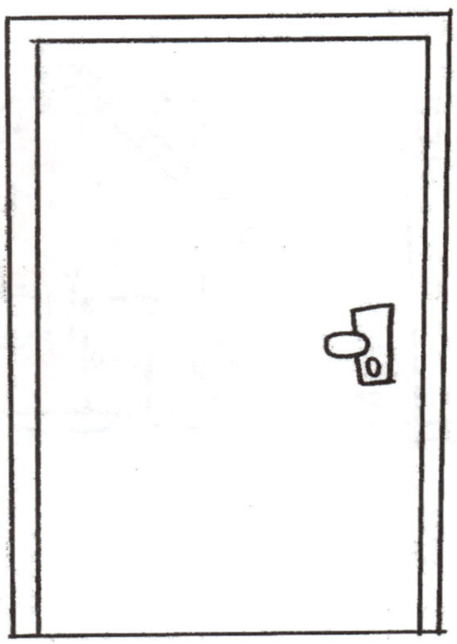

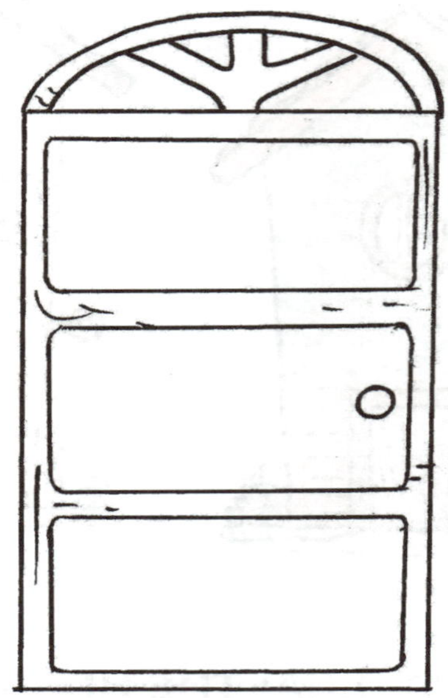

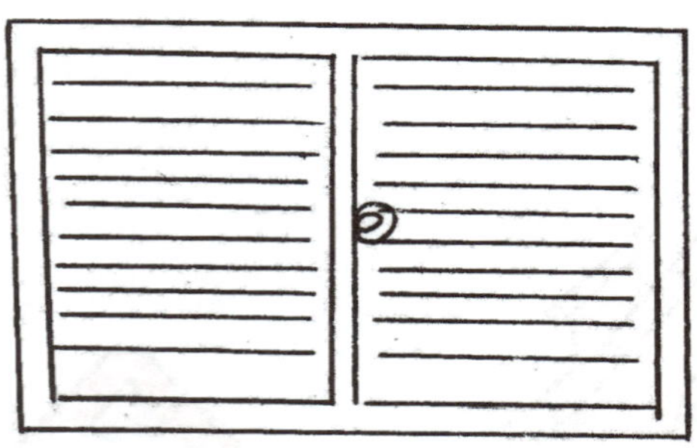

COMPLETE AS FRASES COM **IS**.

ONE HOUSE __________ WHITE.

ONE HOUSE __________ GREEN.

ONE HOUSE __________ BLUE.

UNIT

6 AT SCHOOL

Pocket Dictionary

school (escola) – **pencil** (lápis)
table (mesa) – **chair** (cadeira)
book (livro) – **basket** (cesto)

6

LEVE A **GIRL** ATÉ A **CLASSROOM** DA ESQUERDA E O **BOY** ATÉ A **CLASSROOM** DA DIREITA. DEPOIS, DIGA EM INGLÊS: **THE GIRL IS IN THE SCHOOL**. **THE BOY IS IN THE SCHOOL.**

PINTE AS FIGURAS COM AS CORES QUE VOCÊ APRENDEU EM INGLÊS. DEPOIS, LIGUE AS FIGURAS ÀS CENAS.

CHAIR

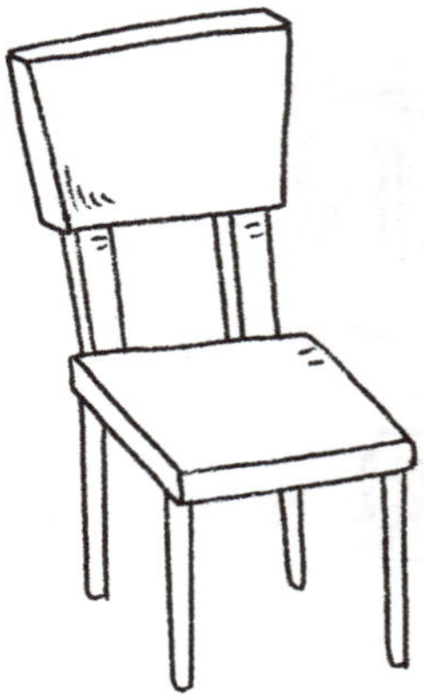

BALL

BOOK

BASKET

PASSE LÁPIS COLORIDO NAS LINHAS PONTILHADAS E ESCREVA PALAVRAS QUE VOCÊ APRENDEU NESTA LIÇÃO.

classroom

school

book

chair

pencil

UNIT

7 FRUIT AND TREE

DESENHE E PINTE UMA **BANANA** E UMA **APPLE** PARA COMPLETAR O **BASKET**. DEPOIS, COMPLETE AS FRASES E LEIA EM VOZ ALTA.

THE ORANGE IS ORANGE.

THE PEAR IS YELLOW.

THE BANANA ______________ THE APPLE IS ______________

VAMOS AJUDAR O **BIRD** A ENCONTRAR A **APPLE TREE**? TRACE O CAMINHO QUE ELE DEVE SEGUIR. DEPOIS, DIGA AS FRASES:

THE BIRD IS SMALL.

THE TREE IS BIG.

THE BIRD IS YELLOW.

THE TREE IS GREEN.

PINTE AS FIGURAS COM AS CORES QUE VOCÊ APRENDEU EM INGLÊS. DEPOIS, LIGUE AS FRASES ÀS CORES QUE AS COMPLETAM.

THE MONKEY IS

THE TREE IS

THE ORANGE IS

THE APPLE IS

GREEN

RED

BROWN

ORANGE

PINTE O NOME DA **FRUIT TREE** DA MESMA COR DA **FRUIT**.

BANANA PLANT

PEAR TREE

APLEE TREE

ORANGE TREE

O FEIRANTE ESTÁ VENDENDO **FRUIT** NA SUA BANCA DE FEIRA. PINTE AS **FRUIT** QUE ELE ESTÁ VENDENDO NESTAS CORES.

BANANAS = YELLOW
APPLES = RED AND GREEN
PEARS = YELLOW
ORANGES = ORANGE

COMPLETE AS FRASES EM INGLÊS COM OS NOMES DE DUAS FRUTAS DE QUE VOCÊ GOSTA.

I LIKE ______________________________

I LIKE ______________________________

UNIT

8 MY TOYS

COMPLETE A FRASE COM O NOME DA FIGURA CORRESPONDENTE. ESCREVA **BALL, DOLL, CAR** E **KITE**.

This is a ______________

This is a ______________

This is a ______________

This is a ______________

ESCREVA OS NOMES DE DOIS BRINQUEDOS DE QUE VOCÊ GOSTA:

I LIKE ______________________________

I LIKE ______________________________

CIRCULE O CONJUNTO QUE POSSUI MAIS **TOYS**. DEPOIS, CONTE E ESCREVA QUANTOS **TOYS** VOCÊ CIRCULOU.

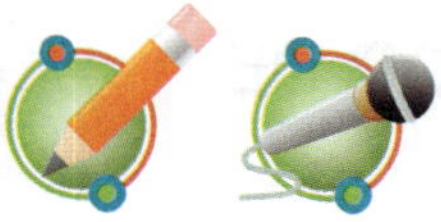

PARA COMPLETAR E LER AS FRASES.

THE ___________ IS BLACK.

THE _________________ GREEN.

THE CAR IS ___________

THE ___________ IS ___________

PINTE DE **BROWN** A **HOUSE** DA **DOLL**. PINTE A **DOOR** DE **BLUE**, A **WINDOW** DE **BLUE** E O **ROOF** DE **RED**.

DIGA EM VOZ ALTA:

THE HOUSE IS BROWN.

COMPLETE:

THE ____________ IS ____________.

Pocket Dictionary
ball (bola) – **doll** (boneca)
teddy bear (ursinho)
car (carro)

REVIEW

DESENHE NOS QUADRINHOS O QUE SE PEDE. UTILIZE AS CORES QUE VOCÊ APRENDEU: **RED – BLUE – YELLOW – BLACK – WHITE – GREEN – BROWN**.

FACE	RED TRIANGLE	TWO FRUIT
ONE BLUE TOY	SMALL HOUSE	EYES – NOSE

COMPLETE AS FRASES DE ACORDO COM AS **COLORS** QUE VOCÊ USOU NA PÁGINA ANTERIOR.

THE TRIANGLE IS ______________________________

THE TOY IS ______________________________

ESCREVA EMBAIXO DAS FIGURAS **SMALL** OU **BIG**.

______________________ ______________________

OBSERVE A FIGURA E ESCREVA O NOME DA COR EM INGLÊS.

THIS APPLE IS ____________.

ESCREVA A FRASE COM AS PALAVRAS EM ORDEM.

IS | KITE | THIS | GREEN.

____

9 I LOVE ANIMALS

LIGUE CADA **FAMILY** DE **ANIMAL** AO **NUMBER** CORRESPONDENTE.

SIX BIRDS

TWO LIONS

EIGHT SNAKES

SIX DOGS

SEVEN CATS

TWO ELEPHANTS

FOUR MONKEYS

9

QUEM FEZ O DESENHO?
CADA ALUNO VAI DESENHAR UM ANIMAL. OS COLEGAS VÃO TENTAR ADIVINHAR QUEM FEZ O DESENHO E DIZER O NOME DO ANIMAL EM INGLÊS.

OBSERVE OS QUADRINHOS DOS **ANIMALS** E COMPLETE OS DESENHOS.

BIRD	BIRD

ELEPHANT	ELEPHANT

TIGER	TIGER

LION	LION

Pocket Dictionary

animals (animais) – **cat** (gato)
dog (cachorro) – **tiger** (tigre)
lion (leão) – **snake** (cobra)
monkey (macaco)

MEMORY GAME – JOGO DA MEMÓRIA

RECORTE AS FIGURINHAS E BRINQUE COM UM COLEGA.

DOG

DOG

CAT

CAT

MONKEY

MONKEY

SNAKE

SNAKE

10 BODY

PARA OBSERVAR E LER JUNTO COM O PROFESSOR.

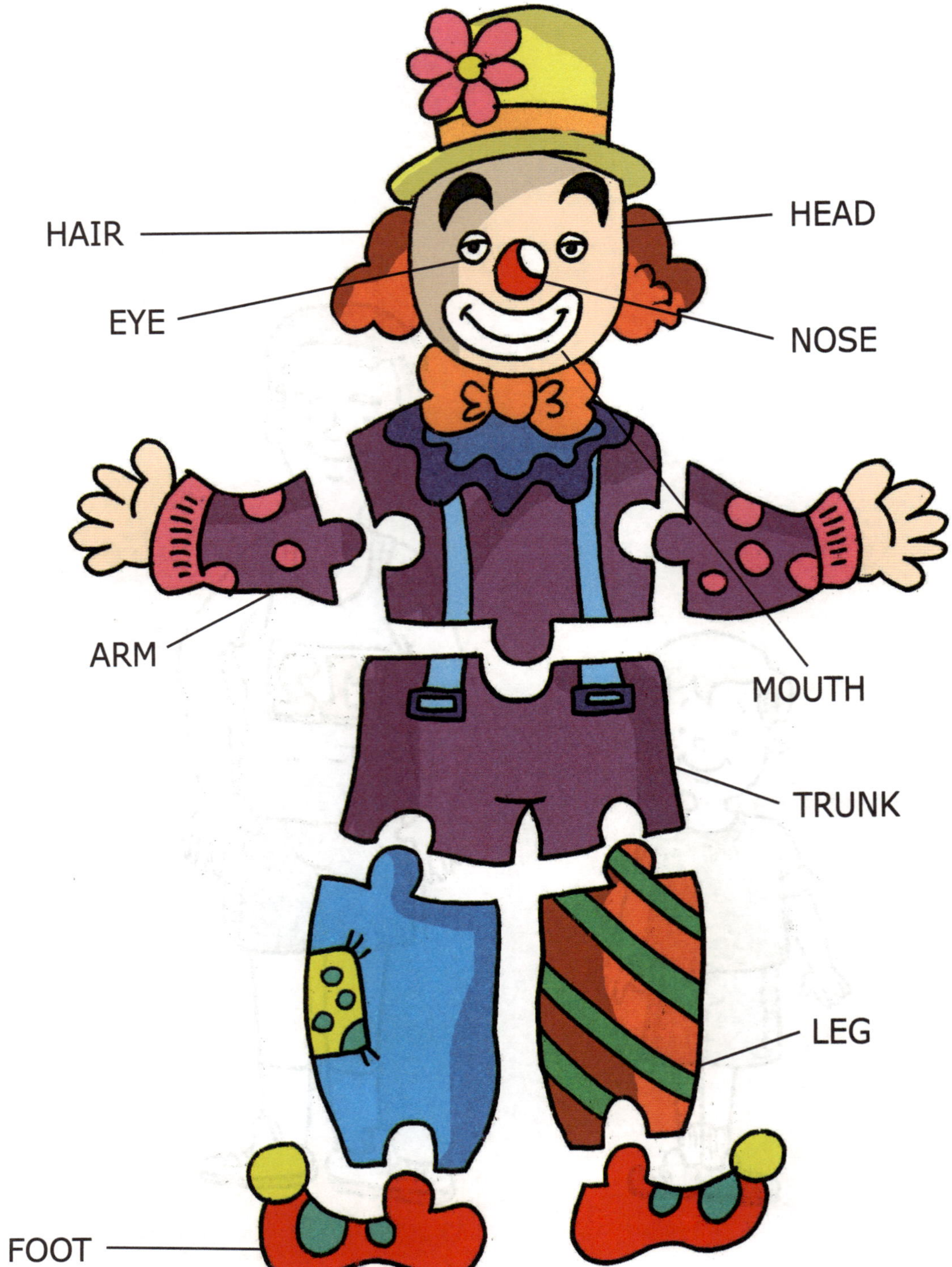

UM CIENTISTA MALUCO TOMOU POR ENGANO UMA PERIGOSA FÓRMULA E VIROU UM **MONSTER**. PARA VOLTAR A SER COMO ERA, ELE PRECISA DE ALGUMAS INFORMAÇÕES:

1. QUANTAS **LEGS** TEM O **MONSTER**?
2. QUANTOS **ARMS** TEM O **MONSTER**?
3. QUANTAS **HEADS** TEM O **MONSTER**?
4. QUANTOS **TRUNKS** TEM O **MONSTER**?

PARA SABER COMO ELE FICARÁ DEPOIS QUE VOLTAR A SER COMO ERA, PINTE SOMENTE **ONE HEAD**, **TWO ARMS**, **TWO LEGS** E **ONE TRUNK**.

VAMOS RECORTAR AS PARTES DO **BODY** E MONTÁ-LO. PRENDA AS PARTES COM CLIPS BAILARINA.

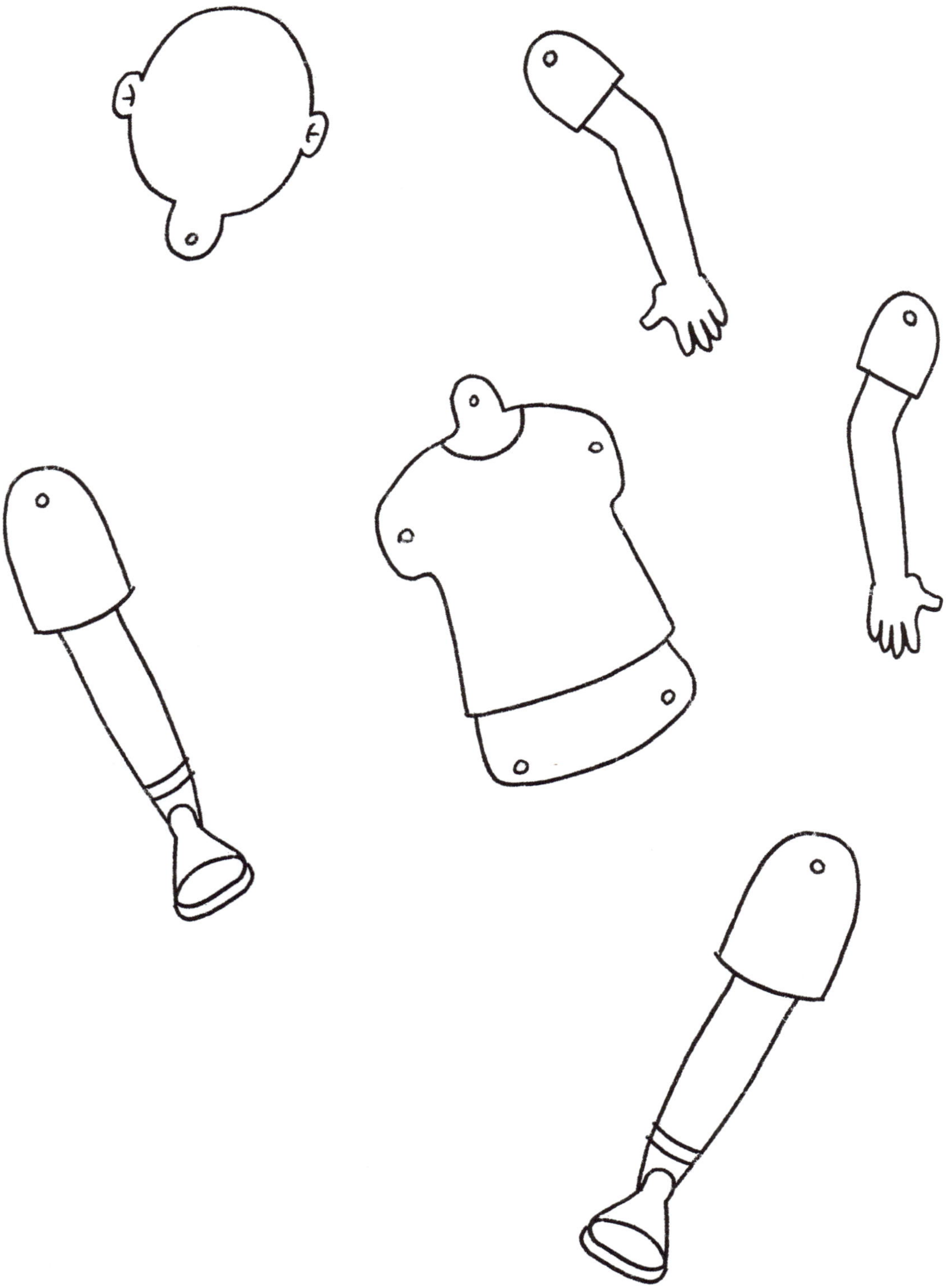

ARM

ARM

TRUNK

LEG

LEG

FACE

CUIDADOS QUE DEVEMOS TER COM O NOSSO **BODY**. DESENHE NOS QUADROS O QUE DEVE SER FEITO EM CADA SITUAÇÃO.

TAKE A SHOWER.

WASH YOUR HANDS.

BRUSH YOUR TEETH.

CUT YOUR NAILS.

Pocket Dictionary

body (corpo) – **hair** (cabelo)
eye (olho) – **head** (cabeça)
nose (nariz) – **arm** (braço)
leg (perna) – **nail** (unha)

SPECIAL DATES

A BIRTHDAY PARTY

PINTE A CENA DESTA **BIRTHDAY PARTY**.

DESENHE UM **CAKE**, **BALLONS** E **NINE CANDLES**.

CARNIVAL

O CARNAVAL É UMA FESTA MUITO POPULAR NO BRASIL. OCORRE EM FEVEREIRO OU MARÇO. AS PESSOAS DANÇAM, PULAM, CANTAM E USAM FANTASIAS BEM COLORIDAS. VAMOS FAZER UM ENFEITE DE **CARNIVAL**? VOCÊ PODE PRENDÊ-LO NA PORTA DO QUARTO, NA PAREDE DA SALA DE AULA OU USÁ-LO COMO MÁSCARA, AMARRANDO UM ELÁSTICO.

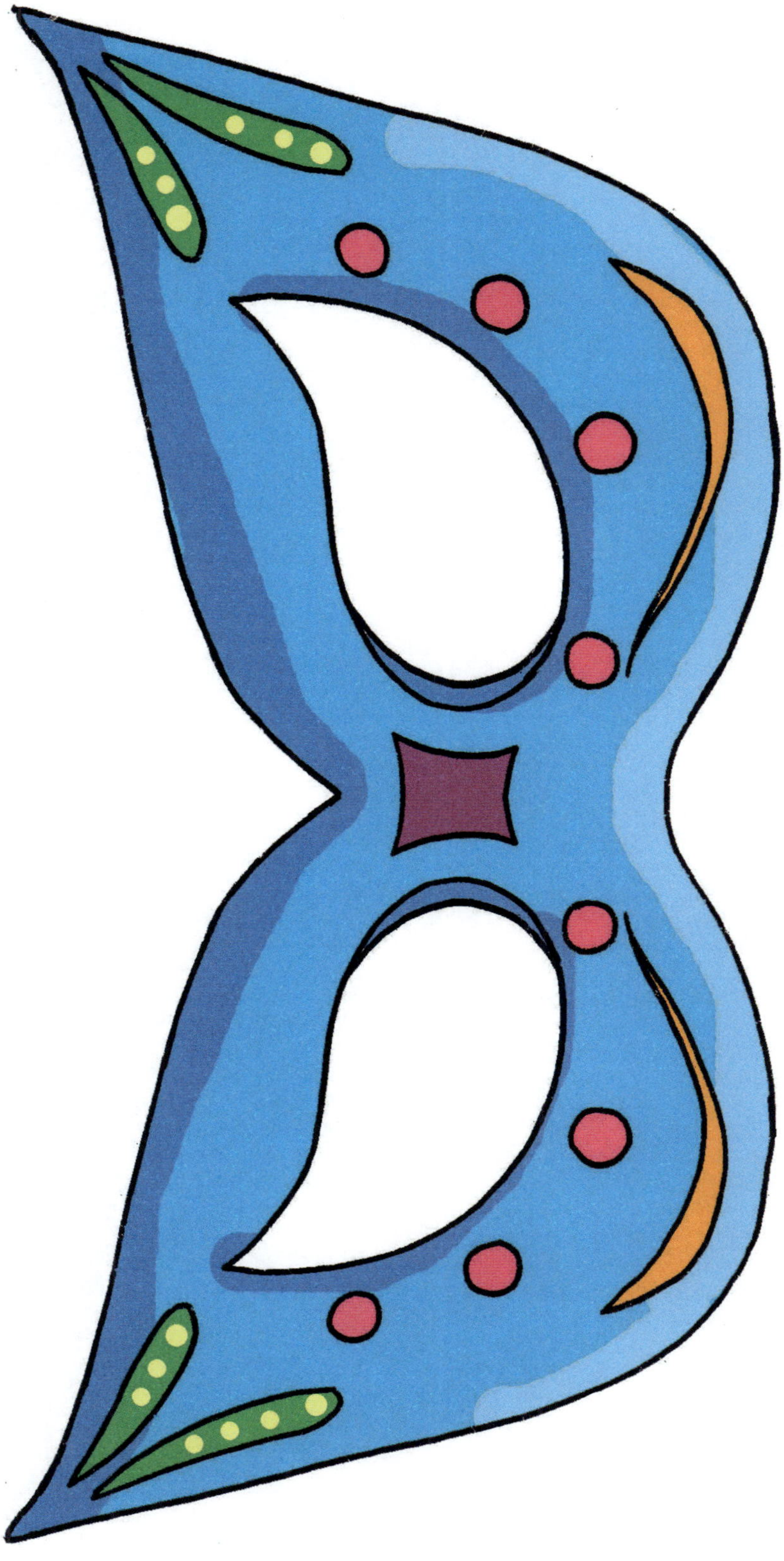

EASTER

A PÁSCOA REPRESENTA RENOVAÇÃO, VIDA. OS **EGGS** SIMBOLIZAM NOVAS VIDAS QUE ESTÃO POR VIR. COMO O **EASTER BUNNY** TEM MUITOS FILHOTES, DÁ ORIGEM A MUITAS VIDAS NOVAS, FOI ESCOLHIDO PARA SER O SÍMBOLO DA PÁSCOA.

RECORTE O **EASTER BUNNY**. COLE ALGODÃO NO CORPO PARA ELE FICAR BEM FOFINHO. PINTE OS **EYES** E O **NOSE** DELE.

INDIAN DAY April

DESCUBRA QUANTOS **INDIANS** APARECEM EM CADA FILEIRA NESSA E NA PRÓXIMA PÁGINA. ESCREVA OS NÚMEROS NAS LINHAS. DEPOIS, É SÓ CANTAR A MÚSICA.

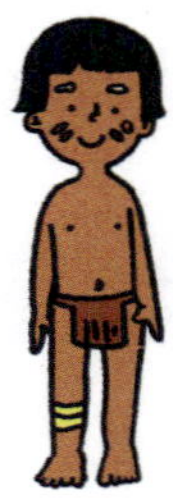

__________ LITTLE INDIAN

__________ LITTLE INDIANS

__________ LITTLE INDIANS

__________ LITTLE INDIANS

__________ LITTLE INDIANS

______________ LITTLE INDIAN

______________ LITTLE INDIAN

______________ LITTLE INDIAN

______________ LITTLE INDIAN

______________ LITTLE INDIAN

MOTHER'S DAY May

VAMOS FAZER UMA **BOX** COM PALITOS DE SORVETE PARA A SUA **MOTHER** GUARDAR O QUE QUISER. SIGA AS INSTRUÇÕES.

1. COLE 4 PALITOS FORMANDO A BASE DA CAIXA.

2. CONTINUE COLANDO PALITOS EM CIMA DA BASE ATÉ QUE ELA FIQUE ALTA. SERÃO SUFICIENTES 20 PALITOS.

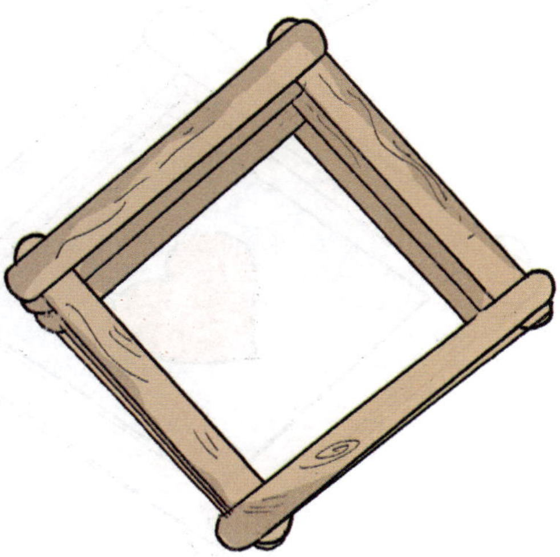

3. DEPOIS, PINTE A CAIXA COM TINTA. UTILIZE AS **COLORS** QUE VOCÊ APRENDEU EM INGLÊS. ESPERE SECAR.

4. COLE PAPEL-CARTÃO NO FUNDO DA **BOX**, FIXANDO PELO LADO DE FORA. SE QUISER, ANTES DE COLAR O PAPEL, FAÇA UM LINDO DESENHO PARA SUA **MOTHER** VER TODA VEZ QUE OLHAR DENTRO DA CAIXA.

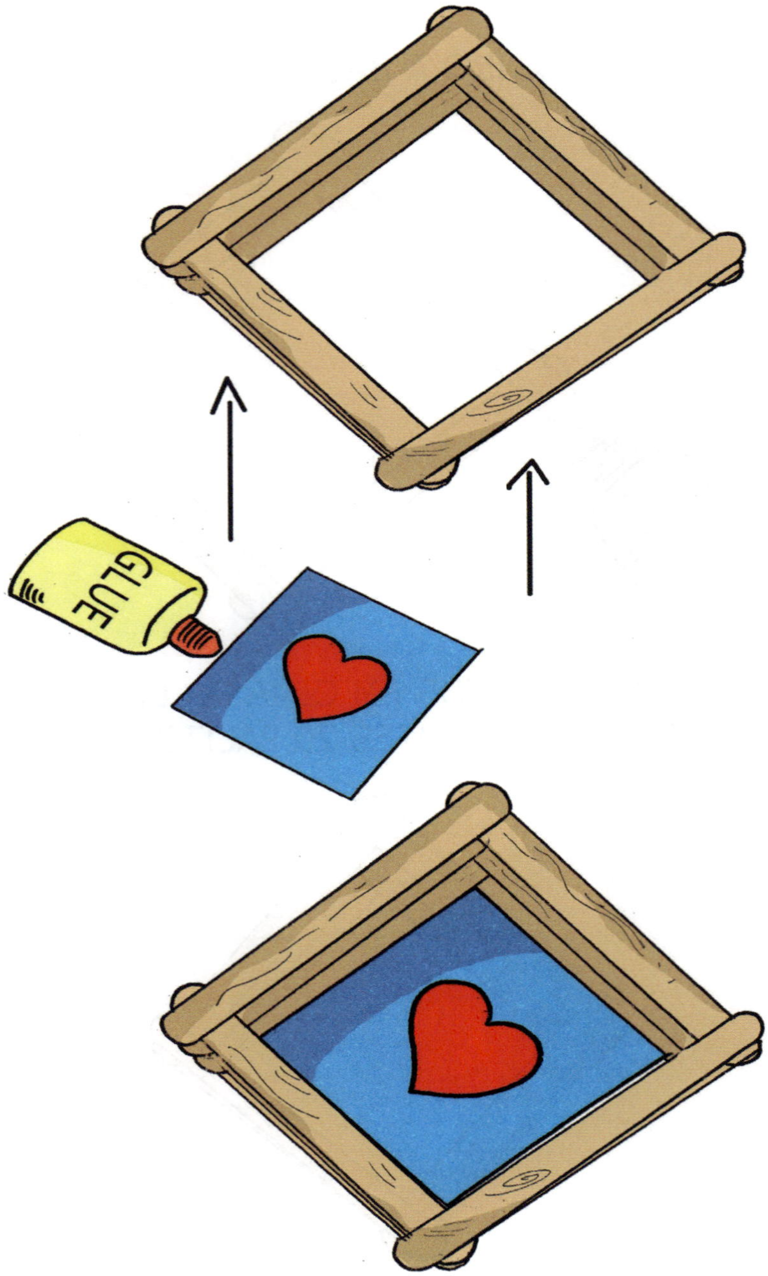

FATHER'S DAY August

FAÇA UM CORTE NO CARTÃO ABAIXO, NO LOCAL INDICADO. NA ABERTURA, ENCAIXE UM **COMB** (PENTE). ESCREVA SEU NOME NA LINHA QUE TRAZ A PALAVRA **FROM** (DE) E DÊ COMO PRESENTE AO SEU **FATHER.**

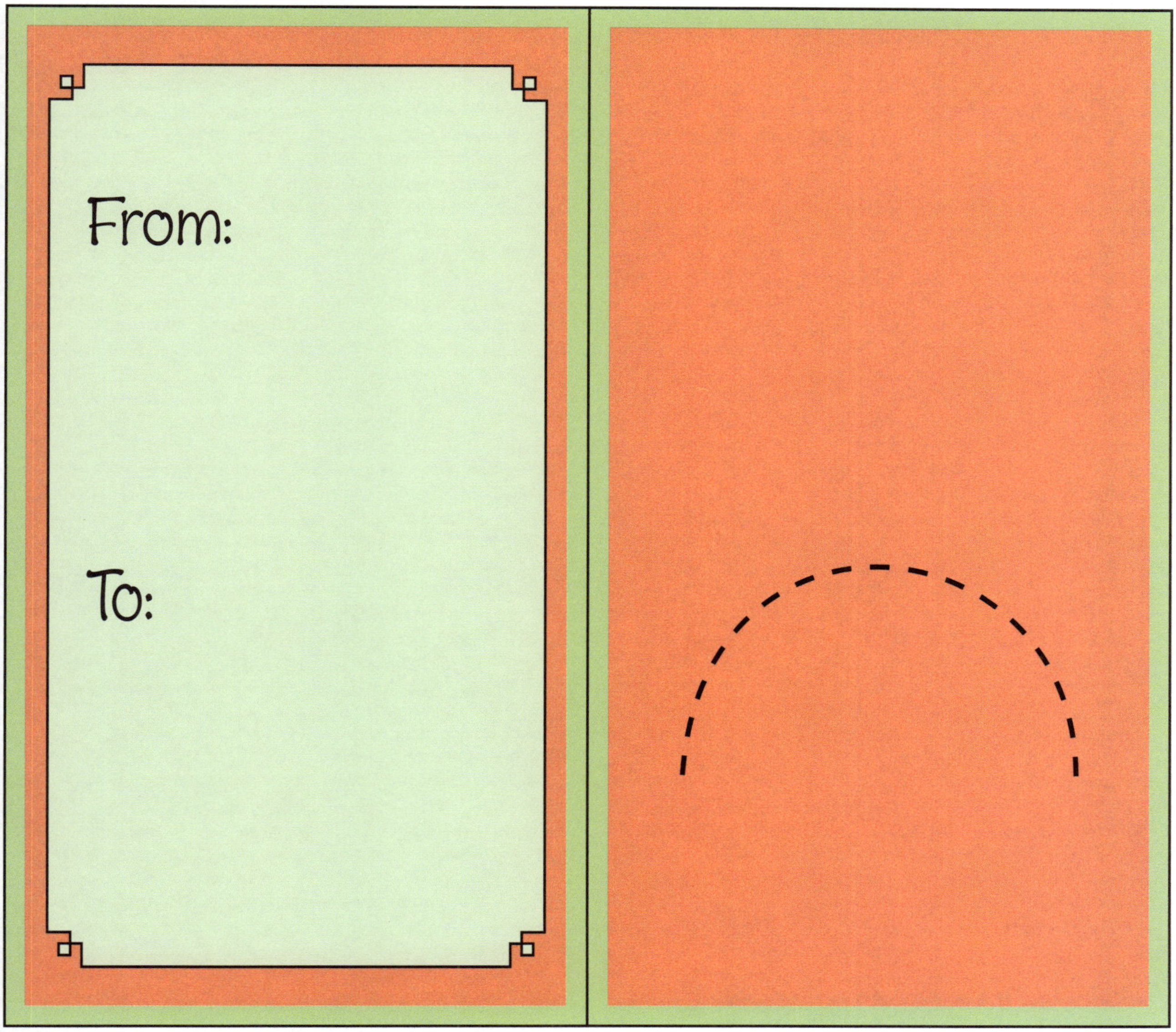

TEACHER'S DAY October 15th

FAÇA O **PORTRAIT** (RETRATO) DE SEU(SUA) **TEACHER** E DÊ PARA ELE(ELA).

I LOVE MY TEACHER

CHRISTMAS December 25th

RECORTE AS PARTES DA **CHRISTMAS TREE** E COLE NO CARTÃO DA PÁGINA 87.

SPECIAL DATES

MONTE SUA **TREE** NESTE LINDO CARTÃO QUE VOCÊ RECORTARÁ E DARÁ PARA A SUA **FAMILY**.

GAMES

TANGRAM

RECORTE E MONTE NUMA FOLHA UMA FIGURA, USANDO AS PEÇAS DO TANGRAM. VOCÊ PODE FORMAR UM **BOY**, UM **BIRD** OU UM **BOOK**.

GAME TWO

PUZZLE

RECORTE A FIGURA E COLE NUM PAPELÃO, DEPOIS RECORTE NAS PARTES INDICADAS O QUEBRA-CABEÇA E BRINQUE DE MONTÁ-LO E DESMONTÁ-LO.

GAME THREE

PHRASES

REÚNA-SE COM ALGUNS COLEGAS. RECORTE AS PALAVRAS E ORGANIZE-AS, FORMANDO FRASES. PARA TER CERTEZA DE QUE VOCÊ ACERTOU, CONSULTE A UNIDADE 5: **HOUSE**.
GANHA O JOGO QUEM CONSEGUIR FORMAR MAIS FRASES PRIMEIRO.

HOUSE	IS	BIG	THE
SMALL	IS	THE	HOUSE
DOOR	ONE	YELLOW	IS
YELLOW	THE	HOUSE	IS

FUNNY FACES

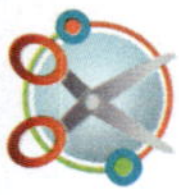

RECORTE AS **FRUIT** E A **FACE** DA PÁGINA 99 E DIVIRTA-SE MONTANDO **FUNNY FACES**. VEJA ALGUMAS SUGESTÕES.

GAME FOUR

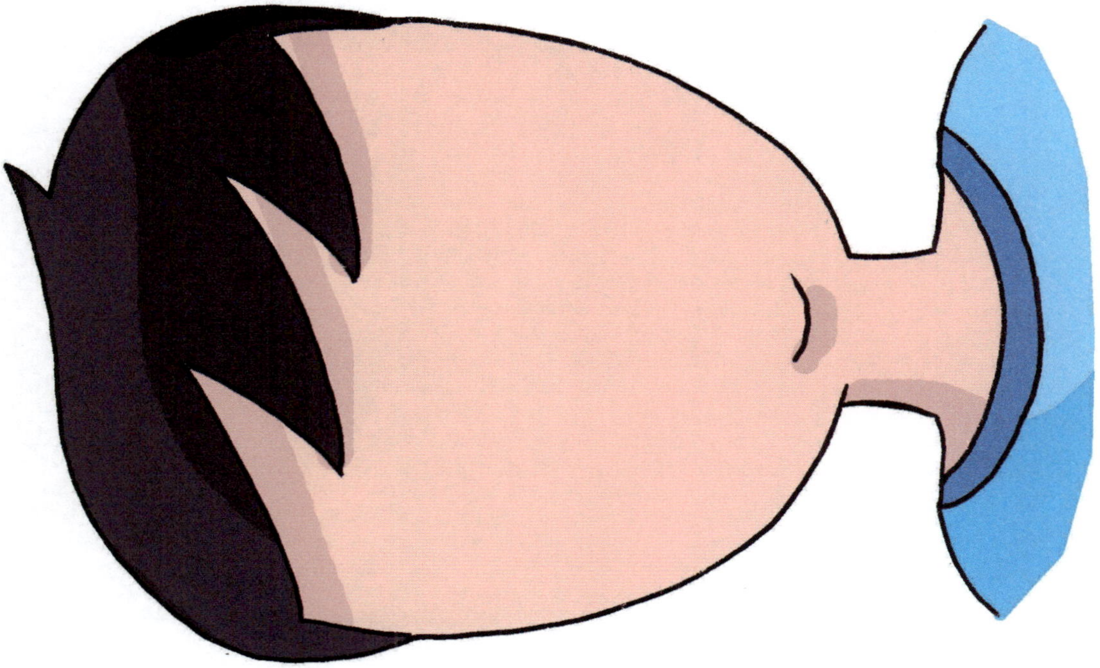

STEPS TO SING

LET'S SING!
VAMOS CANTAR!
LIGUE O SEU CD E CANTE JUNTO

1. HAPPY BIRTHDAY TO YOU.

HAPPY BIRTHDAY TO YOU.
HAPPY BIRTHDAY TO YOU.
HAPPY BIRTHDAY, DEAR FRIEND.
HAPPY BIRTHDAY TO YOU.

2. GOOD MORNING TO YOU.

GOOD MORNING TO YOU.
GOOD MORNING TO YOU.
GOOD MORNING, MY TEACHER,
GOOD MORNING TO YOU.

3. GOODBYE, MY TEACHER.

GOODBYE, GOODBYE, MY TEACHER.
GOODBYE, GOODBYE TO YOU. (REPETE)

4. MOTHER'S DAY, FATHER'S DAY

MY FATHER IS MY FRIEND.
MY FATHER IS MY FRIEND.
MY MOTHER IS MY FRIEND.
MY MOTHER IS MY FRIEND.

5. INDIAN DAY.

I AM AN INDIAN. (REPETE)
I AM BLACK FACE. (REPETE)
I AM RED FACE. (REPETE)

6. COLORS

GREEN, YELLOW, RED,
WHITE, BLUE AND BLACK. (REPETE)
YELLOW BIRD, BLACK CAT.
WHITE COW, MOO, MOO, MOO, MOO. (REPETE)

7. TRAFFIC

ATTENTION! ATTENTION! A BLUE CAR, BEEE-BEEE.
ATTENTION! ATTENTION! A RED BUS FON-FON.
ATTENTION! ATTENTION! YOU AND ME!
ATTENTION! ATTENTION! A RED BUS FON-FON.

8. SOLDIER'S DAY.

I AM A SOLDIER. I AM A SOLDIER.
ONE, TWO, ONE TWO! ONE TWO, ONE, TWO!
I AM A SOLDIER. I AM A SOLDIER.
ONE, TWO, THREE, FOUR. ONE, TWO, THREE, FOUR.

9. SPRING – ARBOR DAY

THE TREE, THE TREE, THE TREE, THE TREE,
FLOWERS, FLOWERS, FLOWERS FOR ME.
(REPETE)
THE TREE, THE TREE, THE TREE, THE TREE,
FRUIT, FRUIT, FRUIT FOR ME.
(REPETE)

10. CHILDREN'S DAY

I AM A BOY, A BOY, A BOY.
A BALL IS MY TOY, MY TOY, MY TOY.
I AM A GIRL, A GIRL, A GIRL.
A DOLL IS MY TOY, MY TOY, MY TOY.

11. MISTER CLOWN.

MISTER CLOWN IS MY FRIEND! MISTER CLOWN IS MY FRIEND!
THE CLOWN IS FUNNY! FUNNY, FUNNY!
(REPETE)

12. ANIMALS – I

THE BIRD – PEW, PEW.
THE CAT – MEOW, MEOW.
THE COW – MOO, MOO.
THE DOG – AU, AU.
(REPETE)

13. ANIMALS – II

THE DOG AND THE BONE.
THE CAT AND THE MILK.
THE MONKEY AND THE BANANA.
THE BIRD AND THE FRUIT.
(REPETE)

14. NUMBERS

ONE, TWO, THREE, FOUR, FIVE, SIX.
ONE, TWO, ONE TWO, THREE, FOUR, THREE, FOUR.
FIVE, SIX, FIVE, SIX.
(REPETE)

15. MERRY CHRISTMAS!

MERRY CHRISTMAS! MERRY CHRISTMAS!
DIN, DEN, DON!
(REPETE)

GENERAL VOCABULARY

GENERAL VOCABULARY

A (AN): UM, UMA (USA-SE AN DIANTE DE VOGAL: **AN APPLE**)

AIRPLANE: AVIÃO

AM: SOU, ESTOU

AND: E

ANIMALS: ANIMAIS

I like animals.

APPLE: MAÇÃ

ARM: BRAÇO

ARROW: FLECHA

AUNT: TIA

BABY: BEBÊ, FILHOTE

BAG: SACOLA, MALA

BALL: BOLA

This ball is yellow.

BALLOON: BEXIGA, BALÃO

BASKET: CESTO

BEACH: PRAIA

BEAR: URSO

BEAUTIFUL: BONITO

BICYCLE: BICICLETA

BIKE: BICICLETA

This is my bike.

BIG: GRANDE

BIRD: PASSARINHO

The bird is blue.

BIRTHDAY: ANIVERSÁRIO

BLACK: PRETO

BLUE: AZUL

This is blue.

BOARD: PRANCHA, TÁBUA

BOARD GAME: JOGO DE TABULEIRO

BOAT: BARCO

BODY: CORPO

BOOK: LIVRO

GENERAL VOCABULARY

BOX: CAIXA

BOW: ARCO

BOY: MENINO, RAPAZ

BREAD: PÃO

BROTHER: IRMÃO

BROWN: MARROM

BRUSH: ESCOVAR, ESCOVA

I brush my teeth.

BUS: ÔNIBUS

BUTTER: MANTEIGA

CAKE: BOLO

CAN: POSSO, PODE

CANDLE: VELA

CAR: CARRO

CARD: CARTÃO, CARTA

CARROT: CENOURA

CAT: GATO

This is a black cat.

CHAIR: CADEIRA

CHILD: CRIANÇA

CHILDREN: CRIANÇAS

CHRISTMAS: NATAL

CLOWN: PALHAÇO

The clown is funny!
(O palhaço é engraçado)

COFFEE: CAFÉ

COLOR: COR, COLORIR, PINTAR

CONNECT: LIGAR, LIGUE

COPYBOOK: CADERNO, CADERNETA

DANCE: DANÇA, DANÇAR

DAUGHTER: FILHA

DESK: CARTEIRA DE ESCOLA

DOG: CACHORRO

DOLL: BONECA

DOOR: PORTA

DRIVER: MOTORISTA

EAR: ORELHA

GENERAL VOCABULARY

EARLY: CEDO

EASTER: PÁSCOA

EASTER BUNNY: COELHO DA PÁSCOA

EGG: OVO

EYES: OLHOS

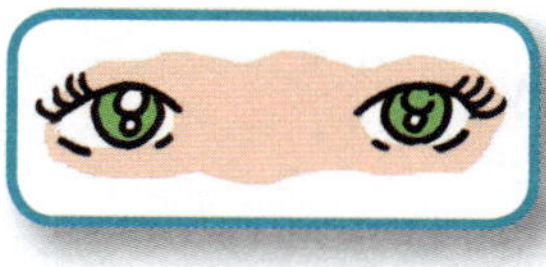

Eyes

FACE: FACE, ROSTO

FALSE: FALSO

FAMILY: FAMÍLIA

FAMILY TREE: ÁRVORE GENEALÓGICA

FARM: FAZENDA

FATHER: PAI

FATHER'S: DO PAI

FEET: PÉS (PLURAL IRREGULAR DE **FOOT**)

FINGER: DEDO

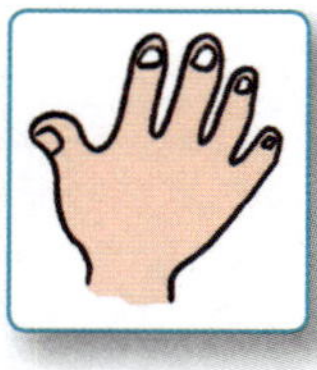

A hand with five fingers.

FISH: PEIXE

FIVE: CINCO

FLASHCARD: CARTAZ

FLOWER: FLOR

The flower is beautiful.

FOOT: PÉ

FOUR: QUATRO

FRIEND: AMIGO

FRUIT: FRUTA OU FRUTAS

FRUIT JUICE: SUCO DE FRUTA

FUN: DIVERSÃO

FUNNY: ENGRAÇADO, DIVERTIDO

GAMES: JOGOS

GARBAGE: LIXO

GIRL: MENINA, MOÇA

This is a beautiful girl.

GENERAL VOCABULARY

GLUE: COLE, COLA

GOODBYE!: TCHAU!, ADEUS!

GOOD AFTERNOON!: BOA TARDE!

GOOD MORNING!: BOM DIA!

GRANDFATHER: AVÔ

Grandfather and Grandmother.

GRANDMOTHER: AVÓ

GRAPE: UVA

Delicious grapes.

GREEN: VERDE

GREETINGS: SAUDAÇÕES, CUMPRIMENTOS

GRIMACE: CARETA

HAIR: CABELO

HAND: MÃO

HAPPY BIRTHDAY: FELIZ ANIVERSÁRIO

HEAD: CABEÇA

HEALTH: SAÚDE

HELLO!: OLÁ!, ALÔ!

HEY!: OH!

HI!: OLÁ!

HORSE: CAVALO

HOUSE: CASA

This is a big house.

I: EU (ESCREVE-SE SEMPRE COM MAIÚSCULA)

I AM: EU SOU OU EU ESTOU

ICE-CREAM: SORVETE

IN: EM, NO, NA

IS: É, ESTÁ

IT: ELE, ELA (NEUTRO)

JUICE: SUCO

KITE: PIPA, PAPAGAIO

The kite is red.

LEG: PERNA

GENERAL VOCABULARY

LET'S PLAY!: VAMOS BRINCAR

LIKE: GOSTAR

LION: LEÃO

This is a big lion.

LONG: COMPRIDO

LOVE: AMAR, AMOR

MACARONI: MACARRÃO

MAGAZINE: REVISTA

MAGICIAN: MÁGICO

MANGO: MANGA

This is a delicious mango.

MASK: MÁSCARA

MELON: MELÃO

MERRY CHRISTMAS: FELIZ NATAL

MONKEY: MACACO

This monkey is funny.

MOTHER: MÃE

MOTHER'S: DA MÃE

MOUSE: RATO

MOUTH: BOCA

MY: MEU(S), MINHA(S)

NAME: NOME

NATURE: NATUREZA

NECK: PESCOÇO

NEW: NOVO

NEWSPAPER: JORNAL

NOSE: NARIZ

NOT: NÃO

NOTEBOOK: CADERNO

NUMBER: NÚMERO

O'CLOCK: EM PONTO

OFFICE: ESCRITÓRIO

OLD: VELHO

ONE: UM

ON THE LEFT: À ESQUERDA

On the left.

On the right.

ON THE RIGHT: À DIREITA

OR: OU

ORANGE: LARANJA; COR DE LARANJA

ORANGE JUICE: SUCO DE LARANJA

ORANGE TREE: LARANJEIRA

Orange tree

PARENTS: PAIS (PAI E MÃE)

PEAR: PERA

PENCIL: LÁPIS

This pencil is blue.
This pencil is orange.

PETS: ANIMAIS DE ESTIMAÇÃO

PICTURE: FIGURA

PINK: COR-DE-ROSA

PLACE: LUGAR

PLAY: JOGAR, BRINCAR

PLAYGROUND: PÁTIO, RECREIO

PLAYING CARDS: JOGANDO CARTAS

PLEASE: POR FAVOR

POLICEMAN: POLICIAL

This is a policeman.

POSTMAN: CARTEIRO

PORTRAIT: RETRATO

POTATO: BATATA (**POTATOES**: BATATAS)

PUMPKIN: ABÓBORA

This is a pumpkin.

RABBIT: COELHO

RED: VERMELHO

RIVER: RIO

ROPE: CORDA

RULER: RÉGUA

SALESPERSON: VENDEDOR

SANTA CLAUS: PAPAI NOEL

SCHOOL: ESCOLA

GENERAL VOCABULARY

SCHOOLBAG: MALA DE ESCOLA, MOCHILA

Schoolbag

SCOOTER: PATINETE

SISTER: IRMÃ

SHAPE: FORMA

SHIRT: CAMISA

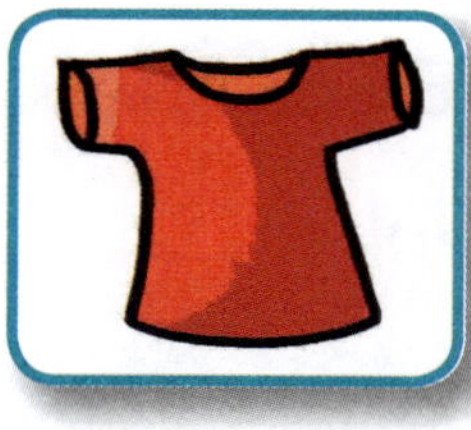

This is a shirt.

SHOES: SAPATOS

SHORT: CURTO, PEQUENO

SHOWER: BANHO DE CHUVEIRO

I like shower.

SINK: PIA

SISTER: IRMÃ

SIT DOWN!: SENTE!

SLEEP: DORMIR

SLIDE: ESCORREGADOR

SMALL: PEQUENO

SNAKE: COBRA

SON: FILHO

STAND UP!: LEVANTE!

STAR: ESTRELA

Two stars.

START: COMEÇO

STEPS: DEGRAUS, PASSOS

STRAWBERRY: MORANGO

STREET: RUA

STUDY: ESTUDAR

SUN: SOL

SWING: BALANÇO

TABLE: MESA

TALL: ALTO

TAP: TORNEIRA

TEACHER: PROFESSOR(A)

TEACHER'S: DO(DA) PROFESSOR(A)

GENERAL VOCABULARY

TEDDY BEAR: URSINHO DE PELÚCIA

I like my teddybear.

TEETH: DENTES

TENT: BARRACA

THANK YOU!: OBRIGADO!

THAT: AQUELE, AQUELA

THIS: ESTE, ESTA, ISTO

THREE: TRÊS

TIGER: TIGRE

This is a tiger.

TIME: TEMPO, HORA

TOOTH: DENTE

TOY: BRINQUEDO

TREE: ÁRVORE

TRUCK: CAMINHÃO

A big truck.

TRUE: VERDADEIRO

TRUNK: TRONCO

UNCLE: TIO

VERY: MUITO

WATER: ÁGUA

WATERMELON: MELANCIA

WEEKEND: FIM DE SEMANA

WHAT: O QUE, QUAL

WHITE: BRANCO

WINDOW: JANELA

The window is yellow.

YEAR: ANO

YELLOW: AMARELO

YOU: VOCÊ, VOCÊS

YOUR: SEU(S), SUA(S)

YOUNG: JOVEM

ZOO: ZOOLÓGICO

MY NOTES

MY NOTES

MY NOTES

MY NOTES

POCKET DICTIONARY

UNIT 1

Hello!
Olá! Oi!

Good morning!
Bom dia!

Good afternoon!
Boa tarde!

Good night!
Boa noite!

Goodbye!
Adeus! Tchau! Até logo!

UNIT 2

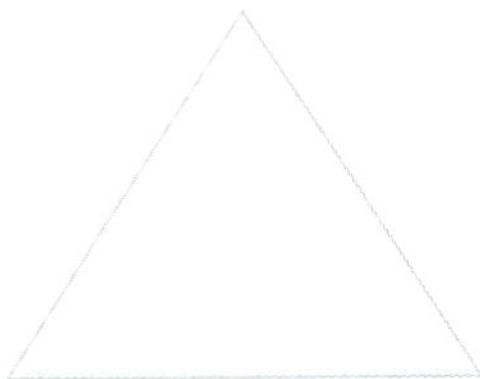

Triangle
Triângulo

Rectangle
Retângulo

Circle
Círculo

Square
Quadrado

Yellow
Amarelo

Green
Verde

Red
Vermelho

Blue
Azul

POCKET DICTIONARY

UNIT 3

1

One
um

2

Two
dois

3

Three
três

4

Four
quatro

5

Five
cinco

10

Ten
dez

UNIT 4

Family tree
Árvore genealógica

Brother and sister
Irmão e irmã

Grandfather
Avô

Grandmother
Avó

UNIT 5

House
Casa

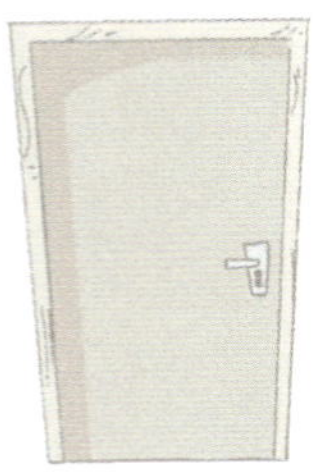

Door
Porta

Window
Janela

UNIT 6

School
Escola

Pencil
Lápis

Table
Mesa

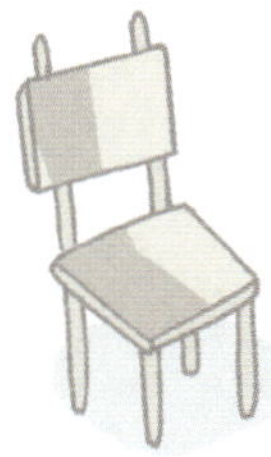

Chair
Cadeira

Book
Livro

Basket
Cesto

UNIT 7

Fruit
Fruta

Orange
Laranja

Pear
Pera

Apple
Maçã

Tree
Árvore

Bird
Passarinho

UNIT 8

Ball
Bola

Doll
Boneca

Teddybear
Ursinho

Car
Carro

UNIT 9

Cat
Gato

Dog
Cachorro

Tiger
Tigre

Lion
Leão

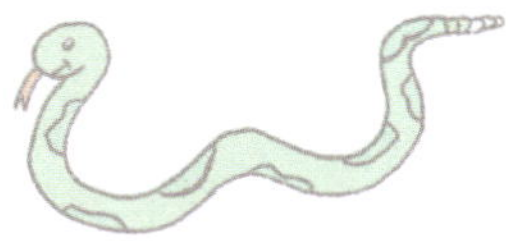

Snake
Cobra

Monkey
Macaco

UNIT 10

Body
Corpo

Hair
Cabelo

Eye
Olho

Head
Cabeça

Nose
Nariz

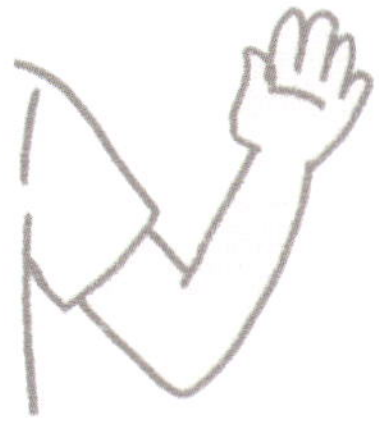

Arm
Braço

UNIT 1

UNIT 2

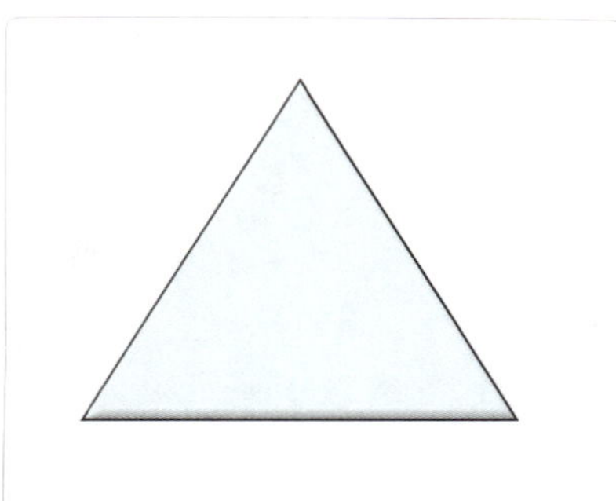

UNIT 2

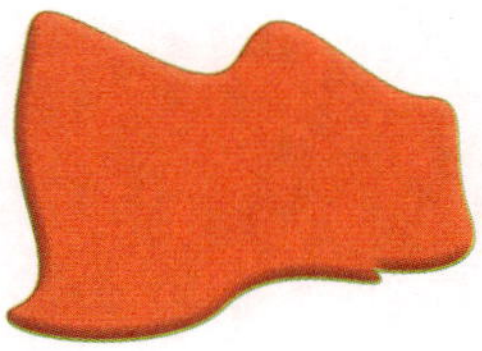

UNIT 3

1

2

3

4

5

10

UNIT 4

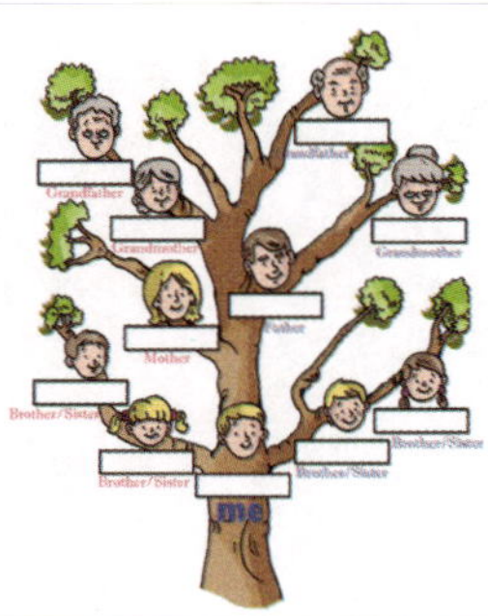

COLACRIL

UNIT 4

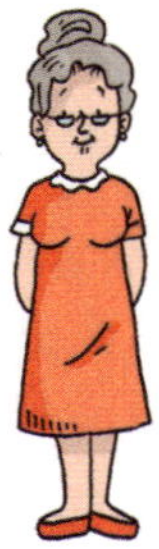

UNIT 5

UNIT 6

UNIT 7

UNIT 8

UNIT 9

UNIT 10

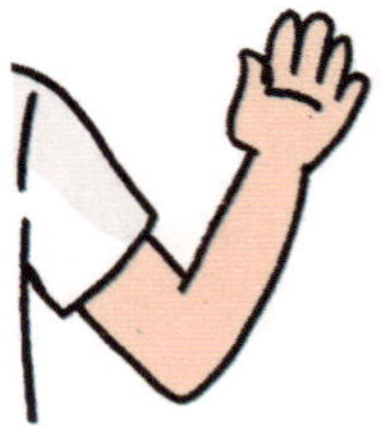